L'ARMÉE FRANÇAISE

EN ESPAGNE,

POUR DÉLIVRER FERDINAND VII.

(ANNÉE 1823.)

Imp. d'Émile Periaux.

L'ARMÉE FRANÇAISE

EN ESPAGNE,

POUR

DÉLIVRER FERDINAND VII.

(ANNÉE 1823.)

POËME EN DEUX CHANTS,

PAR Melle J. C.

PARIS,

Chez RENARD, Libraire, rue Sainte-Anne, N° 71;

Et à ROUEN,

CHEZ LES PRINCIPAUX LIBRAIRES.

M. DCCC. XXV.

A SON ALTESSE

Monseigneur LE PRINCE DE CROÏ,

Archevêque de Rouen.

Monseigneur,

Dans le doux sentiment de ma respectueuse reconnaissance, pour la lettre si gracieuse dont votre Altesse a daigné m'honorer à la réception du manuscrit que j'ai eu l'avantage de lui présenter, oserai-je encore espérer qu'elle daignera me

permettre de livrer à l'impression, sous ses favo-
rables auspices, ce premier essai de ma Muse,
corrigé et augmenté ? Puisse-t-il être jugé digne
d'être offert à l'illustre Héros qui me l'a inspiré !

Je suis avec le plus profond respect,

Monseigneur,

DE VOTRE ALTESSE,

La très-humble et très-soumise servante,

J. C.

L'ARMÉE FRANÇAISE

EN ESPAGNE,

POUR DÉLIVRER FERDINAND VII.

(ANNÉE 1823.)

CHANT PREMIER.

Je chante ce grand Roi, ce puissant protecteur,
Que la France et l'Espagne ont appelé Sauveur;
Louis-le-Désiré, ce vertueux Monarque,
Exilé vingt-cinq ans, respecté de la parque ';

' Hélas ! elle ne pouvait le respecter toujours !... Louis XVIII vient de mourir après vingt-cinq ans d'exil et de révolution, après dix années d'un règne le plus glorieux, affermi par la paix avec les plus grandes puissances de l'Europe. Ce bienfaisant Monarque, épuisé par de longues souffrances, vit, avec force et courage, approcher la mort, qui long-temps suspendue sur son auguste tête, paraissait n'oser le frapper, qu'il n'eût en quelque sorte achevé tout le bien qu'il pouvait faire.

(8)

Dont le ciseau trancha les jours de deux époux.....
O Louis, Antoinette, ah! quel règne pour vous!!!
Quels pensers déchirants, quelle douleur extrême;
Quel Roi plus malheureux sous l'or du diadême?
Vos pleurs coulent encore, ô fille des martyrs!
Mais fuyez loin de nous jours d'affreux souvenirs,
Le trône est renversé, la couronne est flétrie,
Un torrent de malheurs inondait la patrie.
Sous le poids de ses maux, le Français atterré,
Appelait de ses vœux LOUIS-LE-DÉSIRÉ!
Son retour fit renaître enfin nos espérances;
On vit briller les arts, les talents, les sciences.
Roi sage, pacifique et grand législateur,
A son peuple il rendit la paix et le bonheur.
La France jouissait du plus heureux des règnes,
Mais l'Espagne, du crime arborant les enseignes[1],
Louis veut de Fernand, dompter les ennemis,
Et craint pour son repos s'il ne les voit soumis.
Ce bienfaisant Monarque offre son assistance :
On refuse; aussitôt déployant sa puissance,
Il déclare la guerre, et l'opposition[2]
Prédit que les revers perdront la nation.
S'il avait été faible, ô ma chère patrie,

[1] L'étendard de la révolte.
[2] Les Députés du côté gauche, et leurs partisans.

Ta plus célèbre année, hélas! était flétrie.

Louis, par sa sagesse et son règne clément

Sut fixer le bonheur sous son gouvernement.

La secte qui frappa ces victimes sacrées...[1]

Cherche encor parmi vous des têtes couronnées.

Ennemie à jamais des enfants de Bourbon,

Qu'elle craigne leur ombre et redoute leur nom.

Ils sauront bien te vaincre, ô secte abominable!

Toujours se méfier de ta haîne implacable;

Ils te virent long-temps chasser les potentats,

Immoler leurs sujets, déchirer leurs états;

Ah! puissent-ils toujours voir tes secrets abîmes,

Et t'y précipiter en sauvant tes victimes!

Sans cesse les méchants feront la guerre aux bons,

Et seront ennemis des vertueux Bourbons.

Remontés à leur trône, un règne plus prospère

Fait chérir des Français le Monarque et le père.

La discorde s'enfuit chez un peuple voisin,

Soulève les sujets contre leur Souverain.

Quoi, notre exemple hélas! n'a pu les rendre sages?

Comme nous, l'Espagnol appelle les orages,

Il veut la liberté, don funeste aux mortels[2];

[1] Le Roi et la Reine, ci-dessus nommés.

[2] On entend les excès d'un peuple passionné, et la licence d'une liberté dangereuse même pour ses voisins.

Ainsi que nous victime, aux pieds de ses autels,
Il brûlera l'encens et brisera l'idole.
Nos malheurs seraient-ils une leçon frivole?
  Le fléau de la peste à la guerre s'unit ;
L'Espagnol est coupable, et le Ciel le punit.
Ah ! tandis qu'il s'apprête à livrer des batailles,
La fièvre jaune éclate et brûle ses entrailles.
Ce n'est plus que soupirs et longs gémissements ,
Barcelonne succombe aux plus affreux tourments.
La ville est un sépulcre, et l'air qu'on y respire
Fait mourir ses enfants dans l'effroi du martyre ;
Les chemins sont jonchés de cadavres hideux ,
On veut fuir leur aspect, et l'on meurt auprès d'eux ;
L'enfant suce le sein de sa mère expirante ;
La mort frappe, moissonne et jette l'épouvante ;
L'époux, le fils, le père ont un même tombeau !
Qui pourra mettre un terme à ce cruel fléau?
Monarque désiré, bienfaiteur de la terre ,
Cherchez quel prompt secours, quel bien vous pouvez faire.
Le Français empressé de seconder vos vœux
Va soutenir le nom de peuple généreux.
Déjà Bally, Mazet, courent donner l'exemple ;
Leur dévoûment est grand, l'univers les contemple ;
François et Pariset suivent aussi leurs pas,

Audouard, Jouarry,[1] tous bravent le trépas.
Le fléau les atteint, Mazet seul est victime,
Les autres ont franchi les gouffres de l'abîme,
Le peuple les revoit comme des dieux sauveurs,
Et bientôt leur science adoucit les douleurs.
La mort suspend ses coups, abandonne sa proie,
L'espérance renaît, brille un rayon de joie !
Les filles de Camille[2] unissent leurs efforts,
Leur charité, leurs soins augmentent les transports.

[1] L'Espagne toute entière a retenti des éloges donnés aux médecins français, et toute l'Europe a admiré, comme elle, un si noble dévoûment. Leur désintéressement ne fut pas moins grand ; ils ont poussé la générosité jusqu'à refuser pour l'honneur de la France, l'or et l'argent que leur offraient les habitants de Barcelonne. L'académie de cette ville, pour leur témoigner son estime et sa reconnaissance, les a admis au nombre de ses membres. Le 20 novembre, les effets de la maladie diminuant progressivement, ils quittèrent Barcelonne, couverts des bénédictions de tout le peuple, et de l'admiration générale, pour revenir, dans leur patrie, jouir des hommages de leurs concitoyens, et y recevoir les récompenses qu'ils ont si bien méritées.

[2] Les vertueuses sœurs Saint-Joseph et Saint-Vincent, se dévouèrent elles-mêmes et volèrent à Barcelonne prodiguer leurs tendres soins à ses malheureux habitants. Durant la contagion, elles n'ont cessé de se rendre utiles, tant dans les hôpitaux que dans la ville, où elles ont parfaitement secondé les médecins français, avec lesquels elles rivalisaient de zèle. Ces vénérables sœurs sont parties les dernières de Barcelonne, pour rentrer dans leur patrie où elles cherchent à se dérober

O Français généreux ! grâce vous soit rendue,

Le danger disparaît, l'Espagne secourue

Retentit des bienfaits de votre charité,

Qu'en vain voudrait payer sa générosité.

aux hommages, aux félicitations que leur a acquis une action si généreuse. Le dévoûment sublime que les médecins français et les sœurs de Saint-Camille ont montré en s'exposant à une mort presque certaine pour venir au secours de Barcelonne, pendant la peste qui désolait cette malheureuse cité, où il a péri en très-peu de temps 20 à 25 mille âmes, est au-dessus de tout éloge, et ajoute une palme de plus à la gloire du nom français. La France doit donc s'honorer à jamais de leur avoir donné la naissance.

Un monument proposé, par souscription, a été élevé dans le cimetière du Père La Chaise, pour perpétuer la mémoire du docteur Mazet, enlevé si tôt aux sciences et à l'humanité. Louis XVIII voulant récompenser l'action héroïque de ses généreux sujets, nomma, le 5 décembre, M. Bally, chevalier de la Légion d'honneur ; le 27, MM. Pariset et Bally, chevaliers de l'ordre de Saint-Michel ; le 9 janvier, le docteur François, chevalier, a été nommé officier de la Légion d'honneur. Le 31 mars, une loi a accordé 2000 fr. de pension aux docteurs Pariset, Bally, François et Audouard ; 2000 fr. à madame veuve Mazet, dont le fils a péri à Barcelonne ; 500 fr. au jeune Jouarry ; et 500 fr. à chacune des deux sœurs de Saint-Camille. Le Roi d'Espagne, voulant aussi récompenser le zèle des médecins français, les a nommés chevaliers de l'ordre de Charles III, et a ordonné d'élever une pierre funéraire sur le tombeau du jeune Mazet, avec une inscription qui transmettra à la postérité son dévoûment sublime et sa mort glorieuse.

Vous refusez les dons et l'or de l'Hespérie ;
Revenez parmi nous, héros de ma patrie,
Resplandissants de gloire, environnés d'amour,
Et recevez des cœurs le trop juste retour.

A peine du fléau s'éloignent les alarmes,
Que l'Espagne aussitôt court reprendre les armes ;
Le peuple aux champs de Mars, en foule va périr :
Echappé de la mort, il veut encore mourir.
C'est ainsi qu'en son sein s'allume une autre fièvre,
Dans le sang des combats, va-t-il tremper sa lèvre ?
Veut-il boire à longs traits la coupe du malheur,
Et comme nous trop tard connaître son erreur ?
Ambitieux mortels, quel est votre délire ?
Pour changer des abus vous allez tout détruire,
Faire à votre patrie, hélas ! des maux cruels ;
Déjà vous renversez le trône et les autels.
Je vois de toutes parts la haine et la vengeance
S'armer contre le Roi, détester sa puissance,
En asservir le règne, en usurper les droits,
Et contre lui bientôt enfin dicter des lois.

Son pouvoir est détruit, ses ennemis conspirent,
Leur fureur nous menace, alors qu'ils se déchirent ;
Louis les verra-t-il sans leur porter secours ?
C'est encor le Français qui va sauver leurs jours.
Mais, ce nouveau bienfait à leurs yeux est un crime,

Et ce bras protecteur les abat, les comprime ;
Le cri de liberté charme tous les esprits,
Et le peuple égaré croit ses excès permis.

Ferdinand prisonnier, chassé de son azile
Par des chefs intrigants, par son peuple indocile,
Armés d'un vain pouvoir, ah ! quelle est leur fureur ?
L'Espagne en gémissant, voit régner la terreur.
Qui pourra les dompter, qui pourra les abattre ?
Vous, fils de Saint-Louis, c'est vous, fils d'Henri-Quatre,
Et vous anciens vainqueurs du Rhin, de Fontenoi,
Volez près d'Angoulême, et secourez le Roi.
Sous cet illustre chef, vos exploits vont renaître ;
A votre antique amour on va vous reconnaître :
Le monde entier vous voit combattre à ses côtés
Les ennemis cruels que ce Prince a domptés.
Au milieu des dangers, sa course est si rapide,
Que les plus vaillants même admirent un tel guide ;
Il ne veut point quitter les postes périlleux,
Voulant voir de plus près l'ennemi furieux.
Rassurant les guerriers, qui tremblaient pour sa vie,
« Je ne crains pas la mort en votre compagnie [1]. »

[1] Réponse de Monseigneur le duc d'Angoulême aux généraux qui le priaient de se retirer du poste périlleux qu'il occupait, voyant que la mitraille avait atteint plusieurs braves à ses côtés.

Sa présence aux soldats inspire la valeur ,[1]

Et, comme un bouclier, chacun offre son cœur.

Mars, lui-même est surpris, qu'en son art difficile,

Vous soyez son rival aux champs de la Sicile.

L'exil a dérobé vos talents, vos vertus,

Maintenant, recevez des hommages bien dus.

La gloire vous appelle, et vous allez paraître ;

Tel le soleil caché, qu'un beau jour fait renaître,

Vos regards bienfaisants dissiperont les maux

Que souffre un Roi captif, victime des bourreaux.

Le Ciel vous a choisi pour relever son trône,

Votre main lui rendra son sceptre et sa couronne,

Jouissant du bonheur et des fruits de la paix,

Le fidèle Espagnol chantera vos bienfaits.

---

[1] L'exemple d'un tel chef enflammait tous les esprits. On ne peut se faire une idée de l'entousiasme et de l'admiration dont toute l'armée était pénétrée pour son Altesse Royale ; sa religion, son humanité, son courage et son sang-froid, au milieu des dangers, l'avaient rendu l'idole des soldats ; ils avaient pour lui ce sentiment de respect mêlé d'admiration, avec lequel on opère des prodiges.

CHANT SECOND.

Cent mille hommes déjà sont couverts d'une armure,
Et le cœur des guerriers d'allégresse murmure.
Le héros de la gloire arrive aux Champs-de-Mars ;
Aussitôt les Français sont autant de Bayards,
A la voix de son Roi, cette brillante armée,
D'un élan tout guerrier soudain s'était formée.
Que sa marche est rapide, eh ! je la vois déjà
Paraître sur les bords de la Bidassoa.
La France contesta jadis cette rivière,
Comme une ligne, un point, séparant sa frontière,
Notre vaillante armée, aujourd'hui sur son bord,
Prouverait que son cours cède au droit du plus fort.
Toute autre gloire ici, tout autre but l'appelle :
Viendrait-elle envahir ? Non, l'armée est fidelle,
Et vient rendre à l'Espagne, expirante d'effroi,
La liberté, la paix, le bonheur et son Roi.
Ce peuple de héros, par-tout reçoit hommage,
La victoire et l'honneur volent sur son passage ;

Les chemins sont ornés de drapeaux et de fleurs,
On nomme les Français, amis, libérateurs.
Leurs bras ne sont armés que pour briser la chaîne
Qui retient Ferdinand esclave de la haine;
Fuyez, ambitieux auteurs de ses tourments
Qui voulez de l'état sapper les fondements:
La révolte vous suit et parcourt l'Ibérie.
Naguères ses fureurs désolaient ma patrie:
Un monstre[1] fit périr la tige de nos lys;
Mais, Dieu qui la protége, à nos vœux rend un fils!
L'espérance le montre à la France alarmée,
Sur son sein le caresse, et mère fortunée,
Elle semble nous dire, en pressant cette fleur:
C'est un gage d'amour, un germe de bonheur.
Mais voici que Bourbon en vainqueur se présente,
De tous ses ennemis il a trompé l'attente.
Ils le croyaient vaincu, tel était leur espoir:
Ses triomphes partout causent leur désespoir.
Tandis que d'un côté paraît une héroïne[2],
Dont la bonté semblable à la bonté divine,

[1] L'assassin Louvel.

[2] S. A. R. Madame Duchesse d'Angoulême (surnommée l'héroïne de Bordeaux, ainsi que du malheur) parcourut le midi de la France, durant la glorieuse campagne de son auguste époux. Partout cette courageuse et bienfaisante princesse sut adoucir les maux et se faire admirer.

Attire tous les cœurs, charme, et fait des heureux !
De l'autre, son époux, d'un vol audacieux,
Arrive en un moment au faîte de la gloire;
Ses vertus, ses exploits embelliront l'histoire.
On le voit s'avancer vers l'immortalité,
Aussi doux que modeste en la prospérité.
Ciel, qu'entends-je! quel bruit vient émouvoir mon âme?
Quel Dieu, de sa fureur, tous ces soldats enflâme ?
Le soleil brille à peine, et ses premiers rayons
Font sortir du repos de nombreux bataillons;
La trompette guerrière exalte leur courage,
Et l'ardeur les transporte au milieu du carnage :
A leur tête Angoulême, exemple des guerriers,
Affronte des combats l'horreur et les dangers.
Saint-Louis, qui le voit des voûtes éternelles,
Obtient du Roi des Cieux des faveurs immortelles.
Les conjurés, bravant ce protecteur divin,
Ivres d'un fol espoir, qu'ils vont perdre soudain....
Chaque pas les épuise, avance leur défaite,
S'ils livrent des combats, leur déroute est complète.
Les soldats espagnols ont perdu leur valeur;
Sous des chefs révoltés, l'Espagne est sans vigueur.
Dans leurs retranchements les plus impénétrables,
Hérissés de canons, de rochers effroyables,
Ils pensent qu'ils pourront résister désormais;
Eh! qui peut résister à des soldats français !

Si l'onde les arrête, ils passent à la nage ;
Obstacles et dangers redoublent leur courage,
Le Héros qui les guide , est-il mortel ou Dieu ?
Les guerriers, à sa voix , bravent l'onde et le feu ;
Ils gravissent les monts, franchissent la muraille ,
Portent le drapeau blanc sous un feu de mitraille ,
Percent les conjurés jusque sur leurs canons ....
« Français, soyez humains, dit le fils des BOURBONS ; »
Vous les avez vaincus ces cruels adversaires.
Déjà plusieurs d'entr'eux, rangés sous nos bannières,
Abjurent leurs écarts, reviennent sans détour,
Et nous prouvent assez, par cet humble retour,
Que ces fiers ennemis ont bien su rendre hommage
A la cause des Rois que souvent on outrage,
En ralliant enfin sa justice à leur cœur,
Et restant désormais fidèles à l'honneur.
C'est ainsi qu'à nos vœux deviennent favorables
Ces nouveaux bataillons dont les bras secourables
Vont rendre à leur patrie, à leur Roi malheureux,
Ces armes et ces cœurs, d'abord tournés contr'eux ;
Vont aider nos succès, assurer la victoire,
Triompher avec nous, partager notre gloire.
  Le pavillon des Rois, unissant ses efforts,
A fait briller son zèle en surveillant les forts ;
Du feu bravant l'ardeur, bravant l'onde importune,
Tour-à-tour combattait Mars, Eole et Neptune.

Les Naïades chantaient des Français la valeur,
Quand leur Dieu tout-à-coup les poursuit en fureur.....
Si Neptune, envers nous, cessa d'être propice,
De notre cause enfin connaissant la justice,
Ainsi qu'Eole, il part suivi de ses Tritons,
Enchaîner les Autans, chasser les Aquilons.
L'équinoxe survient, nos ennemis prophêtes,
Accumulent sur nous les flots et les tempêtes :
Ils assurent qu'en rade on ne peut plus tenir ;
Et pensent qu'à leur gré la flotte va périr.
Le Centaure [1] paraît, bientôt il sera maître
De ce fameux Cadix, forcé de se soumettre ;
C'est lui qui tarira tous les feux de Léon [2] ;
Près de Torégarda, prennent position
Mille bouches à feu, cent barques canonnières.
Fuyez à cet aspect, Révolutionnaires !...
L'invincible Cadix, le fort Trocadéros [3],
Tous ont prouvé qu'en vain on résiste au héros.

[1] Grand vaisseau de ligne.
[2] L'île de Léon.
[3] Ce fut Monseigneur le Généralissime qui détermina lui-même l'escalade du Trocadéro, et il a été enlevé de la manière la plus brillante ; deux compagnies de voltigeurs ont passé la Cortadura, à gué, ayant de l'eau jusqu'au col. Le pont a été jeté sous le feu ennemi, et son Altesse Royale l'a passé à la tête de ses troupes ; tandis que l'ennemi faisait une forte décharge, les Français escaladaient les embrâsures, et allèrent

Le Roi n'est plus captif. Salut jour mémorable,
Qui change tout-à-coup l'appareil formidable
De ces combats sanglants, de ce blocus affreux,
Dont les préparatifs servent au jour heureux
Qui ramène le Roi, la Reine, et les Infantes
Aux acclamations de mille voix touchantes.
Quel spectacle enchanteur que ce départ naval,
Que ce bateau paré du pavillon royal,
De cent autres suivi,.... puis ce concours immense
De généraux Français, du Héros, fils de France;
De sa royale armée, admirant ses travaux;
De cette multitude oubliant tous ses maux,
Dont les chants, les vivat, des cœurs prouvent la joie!
Suit le bruit de l'airain qui dans l'air se déploie.
Tombez fers des captifs près du libérateur !
Tout, après tant d'alarme, annonce le bonheur.
Faut-il, pour de tels faits, l'ornement du génie,
Faut-il, du Dieu des vers, invoquer l'harmonie ?
Rassure-toi, ma Muse, en un sujet si beau;
La vérité me dit, ne prends que mon pinceau.
Noblement et sans fard, célébrons Renommée,
Les noms et les exploits des héros de l'armée,

tuer les canonniers jusque sur leurs pièces. En vingt minutes,
tous les retranchements et toutes les redoutables batteries de
l'ennemi, furent enlevés. Le résultat de cette brillante affaire
nous rendit maître de la rade intérieure de Cadix.

De ce premier soldat, de ce premier Français,

Unissant aux lauriers, l'olivier de la paix.

Accablé de fatigue, un jour sous leur ombrage,

On le vit reposer, ne voulant pour partage,

Que la tente où s'endort le soldat valeureux :

« Du sort qui nous rassemble, amis je suis heureux. »

Voyant à leurs côtés ce fils de la victoire

Oublier sa grandeur, ses lauriers et sa gloire,

Qui n'aurait admiré l'illustre Général,

Et dit qu'à ce mortel, il ne fut point d'égal !

    Paraissez grands guerriers, salut vaillant d'Eroles[1] !

Le bruit de vos exploits affaiblit mes paroles....

L'ennemi dans Caldens, enfin cède à vos coups,

Partout il vous redoute, et tombe à vos genoux.

Vous fûtes couronné des mains de la victoire,

Et votre nom se grave au temple de mémoire,

Ainsi que ceux de Berge, Armant, Schœffer, Vallin,

Reggio, Curial, Donnadieu, Tromelin.

Les soldats de la Foi, cette armée héroïque,

[1] M. le baron d'Eroles a montré beaucoup de vigueur et de sang-froid au combat de Caldens : deux chevaux furent tués sous lui. Après la victoire, il fut porté en triomphe par toute la ville, et reçu aux acclamations ; il fut créé Grand d'Espagne, et nommé capitaine général de toute la Catalogne. Le Roi daigna lui accorder la croix de Saint-Ferdinand, ainsi qu'à plusieurs généraux français qui s'étaient distingués. L'empereur Alexandre, juste appréciateur du mérite et des talents, leur fit remettre aussi les décorations les plus honorables.

Ont fait, avec valeur, la guerre pacifique.

Venez Jamin, Tessan [1], Damas, Santos-Ladron,

Grand Conégliano [2], et la Roche-Dragon [3] ;

L'aimable Calliope, en l'ardeur qui l'inspire,

De vos illustres noms fait résonner sa lyre :

Elle chante Ode, Bourck, et Pamphile Lacroix,

De mille autres Français les glorieux exploits.

Du jeune Carignan [4], la valeur peu commune,

Le place auprès des grands Lauriston et Bellune.

[1] La division commandée par le général Jamin s'est couverte de gloire. Celle du marquis de Tessan ne s'est pas moins distinguée ; ce général a eu son chapeau enlevé par un boulet, qui a été tuer un sous-lieutenant qui se trouvait pour lors derrière lui.

[2] M. le général Moncey, duc de Conégliano, Maréchal de France.

[3] M. le général marquis de la Roche-Dragon, commandant les cuirassiers Berri, reçut du gouverneur et des notables de la ville de Los-Infantes, un riche sabre, avec cette honorable inscription : « La ville et la noblesse d'Infantes, au libérateur de son district, 19 août 1823. »

[4] Le Prince de Carignan s'est fait remarquer par son intrépidité ; il a voulu passer un des premiers le fossé à gué ; et comme il escaladait une redoute, un des grenadiers le voyant en danger, lui dit : « Monseigneur, c'est ma place, et le tirant par son habit, le fit tomber dans l'eau. » Camarade, s'écria le jeune Prince, je suis volontaire royal ; puis, remonta à l'assaut. Il s'est constamment montré au premier rang. S. M. le roi d'Espagne lui fit remettre le collier de l'ordre de la Toison d'Or, ainsi qu'à plusieurs chefs de l'armée française.

Sous le feu le plus vif, ah! je vois Rivoulant[1]

Prodiguer les secours de son art bienfaisant.

Magnanimes guerriers, recevez notre hommage.

Du jeune Dubourdieu[2], chantons l'heureux présage.

De son père déjà brille en lui la valeur ;

Son zèle et ses talents semblent vivre en son cœur.

Les colonnes d'Hercule arrêtent vos conquêtes.

Après tant de combats, pour vous quels jours de fêtes !

Reposez-vous enfin soldats et généraux ,

Déposez votre armure, et pliez vos drapeaux ;

Vous avez parcouru la plus noble carrière ,

Vous avez fait la paix tout en faisant la guerre :

Vos parents, vos amis, près d'eux vous reverront,

Les palmes dans les mains, les lauriers sur le front :

Vous avez triomphé des fureurs de l'envie,

Et vos bras ont rendu le sceptre à l'Ibérie.

Pars, Déesse aux cents voix, apprendre à l'univers

Que Ferdinand Bourbon est délivré des fers !

[1] Chirurgien de l'armée.

[2] Je citerai le jeune Dubourdieu, commandant une canon-
nière ; il a été, pendant toute l'action qui a duré trois heures
et demie, exposé aux boulets, bombes et obus de l'ennemi.
Sa conduite est au-dessus de tout éloge ; la marine française
retrouvera, dans ce jeune élève, les grandes qualités du brave
capitaine Dubourdieu, son père.